DANIELA KULOT, 1966 im oberbayerischen Schongau geboren, hat schon seit frühester Kindheit auf allem gemalt und gezeichnet, was ihr in die Finger kam. Heute lebt und arbeitet sie in Augsburg und gestaltet Bilderbücher, die durch ihren fröhlichen und eigenwilligen Humor unverwechselbar sind.
„Nasebohren ist schön" erschien erstmals 1996 im Thienemann Verlag und wurde seitdem in 17 Sprachen übersetzt. Zum 20. Geburtstag des Bilderbuchs hat Daniela Kulot es ganz neu illustriert.

Von Daniela Kulot sind bei Thienemann u.a. auch folgende Titel erschienen:

Wir sind erste Klasse!
Socke und Flocke
Unsere unglaubliche Reise in den Kindergarten
Wir sind klein, wir sind mutig, wir sind frech!
Krokodil und Giraffe: Alle Geschichten von Krokodil und Giraffe
Krokodil und Giraffe: Krokodil, Giraffe und die große Überraschung
Krokodil und Giraffe: Ein kleines Krokodil mit ziemlich viel Gefühl

Kulot, Daniela:
Nasebohren ist schön
ISBN 978 3 522 45806 1

Reproduktion: Schwabenrepro, Stuttgart
Druck und Bindung: Livonia Print, Riga

MIX
Papier | Fördert gute Waldnutzung
FSC® C002795

6. Auflage 2024
www.daniela-kulot.de
www.thienemann.de

NASEBOHREN IST SCHÖN

DANIELA KULOT

THIENEMANN

„Nasebohren ist schön“,
sagt Elefant.

Und Maus, das Nachbarskind,
findet das auch.

Nur Frosch, der darf das nicht,
sagt seine Mama.

Deshalb geht Frosch zu
Elefant und Maus und fragt:
„Wisst ihr, warum Nasebohren
verboten ist?“
„Keine Ahnung“, sagt Elefant.
„Weiß auch nicht“, sagt Maus.

„Das finden wir jetzt heraus“, ruft Frosch.
„Wir fragen gleich mal meine Mama.“

„Warum ist Nasebohren für Frösche verboten?“, fragen Frosch, Elefant und Maus. „Da bleibt der Finger in der Nase stecken“, sagt Frau Frosch, „und geht niiie wieder raus!“

Dann gehen sie zu Papa Maus.
„Ist Nasebohren bei den Mäusen
auch verboten?“, fragen Frosch,
Elefant und Maus.

„Aber ja", sagt Papa Maus. „Gerade Mäuse können davon eine entsetzliche Nasenspitzenwurzelentzündung bekommen."

Zuletzt gehen sie zu Mama Elefant.
„Dürfen Elefanten auch nicht in der Nase bohren?“, fragen Frosch, Elefant und Maus.
„Auf gar keinen Fall“, sagt Mama Elefant. „Bei Elefanten

kann davon der Rüssel abbrechen,
und der wächst nicht wieder an!“

„Wie furchtbar, wie schrecklich,

wie grauenhaft!“

„Dann sollten wir nie wieder nasebohren“, sagen Frosch, Elefant und Maus. Und das versprechen sie sich auf dem Weg zurück zum See.

Doch je länger sie über all das nachdenken, desto weniger können sie es glauben.
„Vielleicht ist Nasebohren gar nicht so gefährlich, wie unsere Eltern sagen", meint Frosch.

„Kommt, wir fragen lieber mal die Großeltern dort!“

Aber als sie bei den Großeltern
ankommen, was sehen sie da?
„Die bohren ja auch in der Nase!“

TAO
TE
K

„Dann stimmt das gar nicht, was unsere Eltern gesagt haben“, schimpft Maus. „Ich bekomme vom Nasebohren gar keine Nasenspitzenwurzelentzündung.“

„Und der Rüssel von Elefant bricht davon auch nicht ab“, ruft Frosch. „Und der Finger von Frosch bleibt nicht in der Nase stecken!“, sagt Elefant.

„Dann können wir ja wieder nasebohren", sagen Frosch, Elefant und Maus.

Das tun sie auch,
und es ist schöner
als je zuvor.

Zwei Punkte auf dieser Seite sind genau gleich. Findest Du sie?